Y HEREDARÁS
LA PRIMAVERA

ExLibric

MARIÁNGELES MENA FERNÁNDEZ

Y HEREDARÁS
LA PRIMAVERA

EXLIBRIC

ANTEQUERA 2026

Y HEREDARÁS LA PRIMAVERA

© Mariángeles Mena Fernández
Diseño de portada: Dpto. de Diseño Gráfico Exlibric

Iª edición

© ExLibric, 2026.

Editado por: ExLibric
c/ Cueva de Viera, 2, Local 3
Centro Negocios CADI
29200 Antequera (Málaga)
Teléfono: 952 70 60 04
Fax: 952 84 55 03
Correo electrónico: exlibric@exlibric.com
Internet: www.exlibric.com

ISBN: 979-13-88079-67-2
Depósito Legal: MA 112-2026

Impresión: PODiPrint
Impreso en Andalucía – España

Nota de la editorial: ExLibric pertenece a Innovación y Cualificación S. L.

MARIÁNGELES MENA FERNÁNDEZ

Y HEREDARÁS
LA PRIMAVERA

LOS MUERTOS

¿Ignoran que jamás pronunciarán
«amor»,
ni estrenarán más gloria
que las cuatro brazadas de su tumba
o eternidad crecida
en la total indiferencia,
ni que están ahorrando para siempre
la palabra «dolor»?

El cementerio

Sesgo y final. Quietud.
Ciprés y tierra,
y horizontal asombro.

Al otro lado, Dios.
Y aquí,
el grito justo, invocador de sombra
desde el misterio vertical
de la pregunta.

ETERNIDAD

Sesenta años y con el pulso suspendido,
rozándose las manos,
guardándose los tactos,
las caricias,
hasta que las vidas
                     aladas
volvieran a unirse, en un eterno viaje de novios…

Saliendo otra vez juntos
de la iglesia,
para empezar una vida eterna,
inquebrantable, sin resquicios.
La ilusión hecha niña
y una alianza por corona.

TEMPUS FUGIT

¿Y si al final no hubiese más que luz
y uno fuera la luz y la pupila a la vez…
no el llanto y los ojos, como ahora nos sucede?
LEÓN FELIPE

El tiempo vuela en alas de la noche estrellada,
susurra al oído, trae consuelo,
pero también la sombra alargada.

El reloj no se detiene, implacable
marcando cada instante que se va.
El ayer no ha llegado aún,
el mañana se convierte en pasado,
en un sueño que se escapa;
pero el presente es eterno si lo vivimos con pasión;
que cada latido nos recuerde
que en la fugacidad del tiempo
estamos viviendo nuestro destino.

PISANDO LA HISTORIA

Entre calles empedradas
y viejas murallas,
caminamos pisando
la historia,
que nos cuenta de glorias pasadas.

En cada rincón encontramos
huellas de antiguos
amores, historia
de conquistas y derrotas
que se enlazan
con nuestros pasos.

Los susurros del viento
nos hablan
de tiempos ya olvidados,
mientras los rayos del sol
acarician las piedras
que guardan secretos callados.

Pisamos con respeto
y admiración ese legado que nos precede,
sabiendo que somos
parte de una historia
que nunca se detiene.

Pisando la historia,
nos sentimos más vivos
que nunca,
conscientes de que el pasado
nos guía hacia
un futuro luminoso.

AUSENCIAS

Todo es una mentira en el espacio
                                   y en el tiempo.

Todo empieza ahora,
vuelvo a ser la protagonista
de una vida que nunca acabó,
es el tiempo que continúa.

Le echo tanto de menos,
que su ausencia llena mi ser
con imborrables recuerdos
y un amor que no deja de crecer.

Aún resuena su voz en mis oídos,
sus abrazos se me quedan
                            colgados
del alma;
su consejo, siempre certero;
su amor, eterno como el alba.

La soledad me dice
que no cualquiera es compañía…
y este mal que me gotea
por el corazón

y me sale por los ojos.
Solo quiero volver al momento
en que las cosas tenían sentido.
Solo me ata la promesa de vivir.

EL FANTASMA DE MI ESPÍRITU

En las sombras de mi mente vaga un ser,
un fantasma que atormenta mi existencia.
Su presencia siniestra e impaciente
me sumerge en profunda decadencia.

Recuerdos oscuros llenan mi pensamiento,
quebrando la paz que anhelo encontrar;
el fantasma de mi mente, un tormento
que me impide en la realidad descansar.

En cada esquina, en cada rincón se esconde,
acechando con susurros de desdén;
su presencia en mí se alía
con la tristeza que hay en mi ser.

A PUÑETAZOS CON LA VIDA

A puñetazos con la vida,
luchando cada momento,
sin descanso,
ante los golpes y las magulladuras,
sigo adelante
con fuerza renovada.

No me rendiré,
aunque a veces me cueste respirar,
enfrento cada gancho,
cada directo,
sintiendo en cada golpe la fuerza.
Con cada puñetazo,
me crezco y aprendo,
sabiendo que el dolor es solo
un preludio
de la fuerza que vivo
en mi interior.

A puñetazos sigo mi camino,
con miedo a caer,
con miedo al destino;
en cada golpe hay una lección

que me hace más daño,
más fuerte, que me da la razón.
Así que, aquí sigo,
luchando sin cesar
con la vida a puñetazos, sin parar;
porque sé que al final del combate
lo que cuenta es el valor
y la razón que se nutre
con cada herida.

CUANDO VIVIR ES UNA OBLIGACIÓN

En la penumbra de un día sin fin,
las horas se arrastran,
como sombras de papel,
bajo el peso de lo cotidiano.

El sol, un espectador cansado,
se enreda en las nubes,
mientras los rostros se apagan,
y los sueños se convierten en susurros,
perdidos en el eco de un reloj antiguo.

El café humeante da la bienvenida,
a la rutina que asedia,
despertando cuerpos adormecidos,
fríos como el acero,
en un mundo que grita,
sin voz,
sin aliento.

Cada paso es una promesa,
una cadena que se forja,
en el silencio de una habitación,
donde el alma se acurruca,
y la esperanza sigue el pulso
de un corazón que late por obligación.

Desde las calles empedradas,
hasta el rincón del jardín,
los días se deslizan,
como hojas secas en el viento,
en un ciclo que se repite,
entre risas forzadas
y lágrimas contenidas.

Y sin embargo,
en este laberinto de deberes,
una chispa de rebeldía
guarda su fuego.
Hay un rincón donde florecen sueños,
donde cada latido es un desafío.

Cuando vivir es una obligación,
la vida se vuelve danza,
un acto de fe en lo invisible,
un bálsamo en la herida,

un canto profundo que se alza,
más allá de la carga,
bajo el vasto cielo estrellado,
en busca de un significado;
en cada paso,
en cada aliento,
en cada deseo de ser libre.

Un fantasma
en la ventana

Un fantasma en la ventana, misterio,
un reflejo de un alma inquieta y triste
se asoma en la penumbra, cual artista
que busca la verdad en silencio.

¿Qué historia oculta en su mirar intenso?
¿Qué anhelo le consume y le conquista?
¿Qué sueños rotos guarda en su memoria
este espectro que vive en su desvelo?

Quizás sea el eco de un amor perdido
a la sombra de un sueño no cumplido,
a la voz de un secreto no revelado.

Sea lo que sea, en su presencia yace
la huella de una vida, un sentimiento,
un misterio que el tiempo ha congelado.

EL CALENDARIO

Nunca pudo abrir el calendario,
el tiempo se detuvo en su mirada;
cada día una hoja sellada
que quedó sin desgarrar.

Se perdió en un laberinto de fechas
sin ser capaz de marcar el tiempo que pasó;
cada mes una página en blanco
que se llenó de vacío y nostalgia.

Los días se sucedieron sin sentido
sin señalar un antes y un después.
El calendario se convirtió en un enigma
que nunca logró descifrar su ser.

Y así vivió en un mundo sin tiempo,
sin vislumbrar el pasado o el futuro,
solo le quedó el presente eterno
en el que se perdió sin saber a dónde ir.

A LA ORILLA DEL MUNDO

A la orilla del mundo,
donde el mar y el cielo se funden,
y el susurro del viento acaricia la piel,
se encuentra un lugar
de paz y sosiego
donde habitan los sueños.

Las olas danzan al ritmo de la luna,
mientras las estrellas titilan en el cielo
y en la dorada arena
se dibuja la historia de vidas perdidas
y promesas olvidadas.

En este rincón del universo,
donde el tiempo se detiene y el alma
descansa,
se escuchan voces del pasado,
letanías de vidas
que se han desvanecido.

A la orilla del mundo,
donde el horizonte se pierde
en la distancia,
me encuentro yo,
una viajera solitaria, en busca de respuestas,
sumergida en la magia
de este lugar sin nombre,
donde el silencio habla
y el corazón se libera.

Y así, entre el vaivén de las olas,
me pierdo en la eternidad de este instante,
sintiendo que aquí,
a la orilla del mundo,
puedo encontrar la paz
que tanto anhelo.

¿VOLVERÁ A SONREÍR LA PRIMAVERA?

En esta triste primavera, las flores lloran
su pérdida,
el sol brilla con amargura
en un cielo lleno de heridas.

En duelo cantan los pájaros, con melancólicos trinos.
Los árboles, como si fueran pronto a morir,
se inclinan al suelo, pidiendo perdón.
El viento susurra lamentos,
y mi corazón, helado en el invierno,
está aterido y siente un hiriente frío.

Triste primavera llena de flores,
que, sin razón, se marchitan en mi alma
con callados trinos,
que recuerdan tiempos
de cuando la esperanza florecía.

Espero un recordatorio de la vida,
una alabanza al amanecer,
una nueva alborada.

LA CASA VACÍA

Testigo silente de antiguas historias
que ya no quieren continuar.
Sus paredes huecas resuenan en voces,
sus rincones solos reviven sus ecos.
En cada habitación un secreto se guarda,
un recuerdo olvidado…
Llena de ausencias, de sombras perdidas,
es ya triste su presencia.
Los muebles desiertos, las cortinas cerradas.
apagadas las luces en alargadas noches.

Pero en la soledad se encuentra la calma,
se derrama la paz…
La casa vacía, como mi corazón,
algún día espera llenarse de brío,
risas, abrazos, vida, amor,
luz, sueños y de un nuevo
                                        fulgor.
La casa en su tristeza calla, pero
en su vacío se atisba la esperanza.
Una niña con trenzas
                            deja sobre una mesa una flor.

LA PIEL DE LOS EDIFICIOS

La piel de los edificios refleja historias antiguas,
cada grieta y cada desconchón
cuenta secretos de cualquier vida.
El concreto es su armadura,
el cristal es su mirada, testigos de mil amores
que su huella han dejado marcada.
El paso del tiempo se ve en su fachada;
cada mancha, cada arruga, es parte de su alma.

En cada ventana se asoma una mirada,
que observa el mundo a su alrededor
con enamorada serenidad.
Testigo de la vida cotidiana,
la piel de los edificios envuelve en sus muros
nuestra urbana memoria.

Que nunca se pierda su venerada belleza,
porque la piel de un edificio es poesía urbanizada.

Noventa segundos

El tiempo se desliza sin prisa,
de la niñez a la vejez,
un viaje corto y fugaz
que se pierde en la memoria.

Juguetes y risas de inocencia
se transforman en arrugas,
caminos heridos y
                    momentos vividos
con paciencia.

La infancia se desvanece en el viento
dejando paso a la madurez,
cosechando frutos
que hacia la vejez nos llevan.

Años que pasan como un suspiro
de alegrías y tristezas entrelazadas,
ciclos que se cierran
mientras la vida se nos escapa.

De la niñez a la vejez
nos acompaña la nostalgia,
un corto viaje, lleno de matices,
que nos enseña que la vida es una partida.

Nunca trates al tiempo
como a un amigo,
siempre se está marchando.
Trátalo como al amor, sin detenerlo.

El alma de las cosas

En el silencio de la oscura noche,
las cosas susurran en su sereno existir,
un aleteo en lo profundo, un suspiro,
hablan en lenguaje sin palabras, en derroche.

El viento susurra secretos al oído,
mientras las hojas bailan al compás,
el río canta su lamento fugaz,
todo murmura en un diálogo perdido.

La piedra cuenta historias del pasado,
el fuego arde con pasión incontenible,
el sol brilla con un resplandor alado.

Las cosas hablan en un verso ininteligible,
en el silencio de la noche, el legado
de la creación eterna es indestructible.

ELLA ENAMORADA

Una imagen en la ventana reflejada,
misterio y fantasía en su mirada;
en el cristal, se encuentra enamorada
de un mundo oculto en su alma anhelada.

La luz del día acaricia su faz,
brilla en sus ojos la verdad desnuda,
en su reflejo se esconde una ayuda,
un sueño dorado que vive en paz.

Detrás del vidrio se muestra el destino,
un horizonte lleno de promesas,
donde el amor florece genuino.

En la ventana, su alma se mece,
entre sombras y luces. Qué divino
espejo del alma donde florece.

… Y HEREDARÁS LA PRIMAVERA

En el tierno susurro del tiempo,
donde se abrazan las flores al sol,
nace la esperanza, un resplandor,
dentro del alma, un nuevo canto.

Eres la niña que danza en el campo,
con risas de lluvia y sueños de mar,
y heredarás la primavera
como un legado que al amar brota.

En cada pétalo que el tiempo despliega,
llevarás en tu pecho la luz de un ayer,
en tu mirada el cielo enredado
pintando el tiempo con tenacidad.

Cuando el invierno intente asomarse
y la niebla confunda el andar,
tu risa será un abrigo constante
que despierte al mundo a soñar.

Así, caminas, futuro brillante,
en tus pies se entrelazan mil sueños,
pues heredarás la primavera
y un pequeño universo en tu corazón.

Y SE FUERON, SIN MÁS

Y se fueron, sin más, cual sombra en la bruma,
dejando un eco en el aire, un suspiro.
La luna llora en el cielo su giro
y el viento lleva una risa que me deslumbra.

Las hojas murmuran en un duelo eterno,
cantan las olas un lamento profundo;
en el silencio, la memoria de un mundo,
donde el amor era claro, radiante y tierno.

Mas la distancia no acaba con el fuego,
pues en mi pecho aviva su llama,
y en cada estrella su esencia despliego.

Aunque se fueron, aún vive la trama,
sus pasos marcan un rumbo sin apego,
y mis sueños su imagen reclaman.

EL PRIMER AMANECER

En la bruma suave de un nuevo día,
su eco aún resuena en mi pecho,
cada rayo dorado es un deseo,
un susurro perdido, una agonía.

La luz se asoma con melancolía,
los recuerdos flotan, su amor enhebro,
en cada sombra, su abrazo estrecho
y en cada paso su voz me guía.

El sol despierta, mas mi alma llora,
sin su mirada, el mundo es frío,
un silencio eterno el tiempo añora.

Mas en el cielo su luz no se ha ido,
en cada amanecer su amor devora,
mi padre vive en mi ser contenido.

Y LLEGÓ EL INVIERNO

Y llegó un triste invierno, pálido y frío,
las hojas caen, susurros en el viento,
un manto gris cubriendo la esperanza;
crecen las sombras al caer de la tarde.

Los árboles, despojados de su gloria,
se alzan como ancianos en la bruma,
sus ramas en el aire, brazos que imploran,
un abrigo cálido, un rayo de sol.

Las calles solitarias, mudas de pasos,
un farol titilante guarda la memoria,
pintando en cada esquina un encuentro ausente,
reflejos de sonrisas que el tiempo borró.

Las noches se alargan, caen en el silencio,
las estrellas a lo lejos miran,
y en cada gota de lluvia que cae
se siente el peso de un alma perdida.

Sueños congelados, tiempos compartidos,
se esfuerzan en danzar en el recuerdo,
mientras el frío teje su larga bufanda
y abriga en su susurro el dolor callado.

Triste Navidad

En la fría noche brilla la estrella,
el árbol se viste con luces de paz,
pero falta el calor de su querencia,
el eco de risas que hoy ya no están.

La mesa está llena, mas yo solo miro.
Los recuerdos flotan como un mar,
y en cada rincón su amor es un hilo
que teje mi pena en un dulce pesar.

Los aromas de casa me envuelven,
sus voces en sombras me acompañan,
aunque el tiempo avance y no mueran.

Mi corazón siente un vacío que engaña
hoy a la distancia; sus almas revelan
ese amor eterno que nunca regaña.

FIN DE AÑO

(Las recetas de mi madre)

En la mesa de la cocina
un fuego que murmura;
las ollas y sartenes,
como instrumentos de un maestro,
esperan su momento,
pues cada plato es un susurro,
una memoria hecha caldo.

Las manos de mi madre,
expertas y suaves,
amasan la harina
como si desearan moldear el alma;
transforman el agua en masa
y la levadura en sueños.
El aroma a cebolla salteada
es un canto ancestral
que despierta a los recuerdos
de los domingos de infancia,
cuando el tiempo era un río lento,
y cada bocado, un abrazo.

Las recetas no están escritas,
se cuentan en miradas,
en detalles que solo el corazón ve,
una pizca de amor,
una cucharada de risa,
un chorrito de lágrimas
que sazonan nuestra vida.

Cada plato es un viaje,
una mezcla de ilusiones y desvelos,
un guiso de esperanzas;
la lenteja que guarda secretos,
la paella que invita a compartir,
y el dulce de leche,
un relámpago de ternura en el atardecer.

Hoy, en mi propia cocina
mezclo sabores,
y mientras pico el ajo
y revuelvo la salsa,
siento que mi madre está aquí,
en cada gesto,
en cada chorrito de aceite,
en cada rayo de sol
que veo en la ventana,
recordándome que las recetas

no son solo para comer,
sino para vivir,
perpetuando el sabor de la memoria.

Índice

Los muertos 9

El cementerio 10

Eternidad 11

Tempus fugit 12

Pisando la historia 13

Ausencias 15

El fantasma de mi espíritu 17

A puñetazos con la vida 18

Cuando vivir es una obligación 20

Un fantasma en la ventana 23

El calendario 24

A la orilla del mundo 25

¿Volverá a sonreír la primavera? 27

La casa vacía 28

La piel de los edificios 29

Noventa segundos 30

El alma de las cosas 32

Ella enamorada 33

… y heredarás la primavera 34

Y se fueron, sin más 36

El primer amanecer 37
Y llegó el invierno 38
Triste Navidad 40
Fin de año 41